新雅·成長館

情緒 小管家

放下妒忌，做得到

吉爾·赫遜　著

莎拉·詹寧斯　繪

我不喜歡妒忌的感覺。

我也不喜歡。這本書會告訴你怎樣放下妒忌的感覺……

……以及怎樣使心情好起來！

新雅文化事業有限公司

www.sunya.com.hk

新雅·成長館

情緒小管家：放下妒忌，做得到

作　　者：吉爾·赫遜（Gill Hasson）
繪　　圖：莎拉·詹寧斯（Sarah Jennings）
翻　　譯：何思維
責任編輯：劉紀均
美術設計：鄭雅玲
出　　版：新雅文化事業有限公司
　　　　　香港英皇道499號北角工業大廈18樓
　　　　　電話：（852）2138 7998
　　　　　傳真：（852）2597 4003
　　　　　網址：http://www.sunya.com.hk
　　　　　電郵：marketing@sunya.com.hk
發　　行：香港聯合書刊物流有限公司
　　　　　香港荃灣德士古道220-248號荃灣工業中心16樓
　　　　　電話：（852）2150 2100
　　　　　傳真：（852）2407 3062
　　　　　電郵：info@suplogistics.com.hk
印　　刷：中華商務彩色印刷有限公司
　　　　　香港新界大埔汀麗路36號
版　　次：二〇二一年一月初版
　　　　　二〇二一年七月第二次印刷

ISBN: 978-962-08-7651-6

Original Title: *KIDS CAN COPE : Let Go of Jealousy*
First published in Great Britain in 2020 by The Watts Publishing Group
Copyright in the text Gill Hasson 2020
Copyright in the illustrations Franklin Watts 2020
All rights reserved
Edited by Jackie Hamley
Designed by Cathryn Gilbert

Franklin Watts, an imprint of Hachette Children's Group
Part of The Watts Publishing Group
Carmelite House
50 Victoria Embankment
London EC4Y 0DZ
An Hachette UK Company
www.hachette.co.uk
www.franklinwatts.co.uk

Traditional Chinese Edition © 2021 Sun Ya Publications (HK) Ltd.
18/F, North Point Industrial Building, 499 King's Road, Hong Kong
Published in Hong Kong, China
Printed in China

目錄

妒忌是什麼？

當別人擁有自己想要的東西或是做到自己做不到的事情時，我們可能感到妒忌，並感到難過。我們會認為自己好像錯過了什麼，或者覺得事情不公平。

也許你有哥哥、姊姊，他們得到父母批准可以做某些事，而你卻得不到。

也許你有一個朋友，跟你比起來，他更容易結識到新朋友；又或是你的朋友準備參加某個派對，但你卻沒有受到邀請。

也許你班上有些同學比你跑得快，或是畫畫比你畫得好。

你妒忌時，會留意其他人擁有的東西或做

到的事。你希望自己也能得到相同的東西或做到相同的事。

5

妒忌時，你會有什麼感覺？

當你一旦妒忌起來，各種使人難受的感覺也會隨之而來。你妒忌時，可能會覺得十分懊惱又不滿。

當你感興趣的事情沒有你的份兒，你會感到傷心和失望。

要是你認為自己不夠好或者不夠聰明，沒辦法像其他孩子一樣做到某些事，你可能會感到擔憂。

當別人擁有一些你很想得到的東西時，你可能會感到憤怒。

我也想養一隻小狗，可是爸爸不允許。

妒忌的感覺也會使你的身體起變化。你妒忌時，心臟可能會怦怦的跳，身體可能會發熱，然後變得繃緊，腸子還好像打了結似的。

紅眼怪獸

我們有時會用眼紅去形容妒忌的表現。

妒忌就像你身體裏一頭不受控制的怪獸，令你既不安，又難受，而且也會像故事裏的怪獸一樣，使人憂慮和害怕。

當你妒忌時，也許還想做點事，令那個你妒忌的人不好過。儘管我們會生氣，也會難受，但是做出刻薄他人的行為，只會令事情變得更差。

你試過妒忌嗎？

你試過妒忌別人嗎？你當時做了什麼？你想過向對方報復嗎？

你可能想過取笑對方，或者編一些故事，令對方惹上麻煩。

你可能曾經因為妒忌你的兄弟姊妹，而捉弄他們或藏起他們的東西。

　　有時候，你在妒忌之餘，同時感到非常難過，只想自己一個人獨處。當你認為其他人過得比自己好的時候，你的心情就更難好起來了。

你妒忌時，別人會有什麼反應？

　　當其他孩子察覺到你在妒忌別人時，他們可能會取笑你。他們或許會說你很傻，說你妒忌別人是不好的。但也有些時候，他們可能會友善相待，甚至跟你分享他們的東西，或是邀請你加入他們。

如果有人拿你的妒忌心來開玩笑，你可以直接跟大人談談你的感受。

尋求幫助，應付妒忌

　　妒忌是正常的感覺。即使你不知道怎樣面對妒忌的感覺，也不妨向別人說出來。你可以跟朋友和大人談談你的感受，這對你也有幫助。你可以告訴他們，你感到生氣、難過、擔心，或是覺得被冷落了。

　　你跟別人傾訴時，對方可能會幫助你想出一些辦法，應付妒忌的感覺。

真不公平啊，小玉竟然在學校話劇中獲得了最棒的角色！我不想再跟她説話了，也不想再跟她一起玩了！

如果你因為妒忌而感到生氣，卻沒辦法跟認識而又值得信任的大人如老師或家人傾談，你還是可以在其他途徑找到傾訴的對象，你可以在這本書的結尾找到相關資料。

你不跟小玉說話，這樣做能解決問題嗎？

也許我可以告訴她，我很難過，但我仍然想跟她做朋友。而且我還要跟她道歉，因為我不該生她的氣。

換個角度思考

　　你妒忌時，腦海裏可能會浮現「真不公平」、「我永遠也做不好」、「他們總是做得比我好」的想法。然而，這些想法只會令你的心情更壞。

但是，你可以改變一下妒忌的想法，往積極的一面想。

當你看到別人做到自己做不到的事而感到妒忌時，請你想想自己能夠做到的事。

我就是不能像佩雅那樣，晚一點才去睡覺……可是，她在我這個年紀時，也不能啊。當我到了十二歲時，我就可以晚一點才睡了。

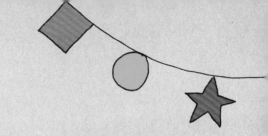

你可以怎樣做呢？

換個角度來想想那些使你妒忌的事情，也許你的感覺就沒有那麼糟了。然後，你就能好好的想一想，自己可以做些什麼來改善情況。

珍娜妒忌自己的朋友傑森在學校交了新朋友，她擔心傑森以後不會有時間陪伴自己。不過珍娜告訴自己：「沒關係的，傑森跟我仍然是朋友，下星期我可以主動請他來我家玩啊。」

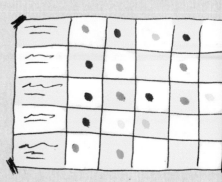

努力向前，往目標進發

　　有時候，你可以向着目標努力，去獲取別人擁有或能夠做到的事情。

　　也許你有個游泳十分出色的朋友，或是打籃球時入球次數比你多的朋友；又或者你班上有位同學，他的數學和科學的成績都十分優秀。

如果你希望把事情做得更好，請嘗試挑戰自己，好好練習。這樣你就能進步，事情自然也會越做越好。

尋求幫助，好好計劃

為了達到目標，你可能需要別人的協助。你可以請教朋友或大人，看看他們可否幫助你練習，令你做得更好。

你可以教我嗎？

也許別人擁有一些你想要的東西，可能是遊戲機、玩具、單車或滑板車。你可以問問你的父母，看看他們能否提供意見，協助你把零用錢儲起來，那你就能買到想要的東西了。

媽媽，我想儲錢買那雙跟傑克一樣的球鞋，我可以怎樣做呢？

當你有了計劃，心情就會好一些，因為你不再想着跟別人比較，反而你會忙着為想要的東西而努力呢！

我真希望像拿斯那樣，擁有很多恐龍圖書。

不如我們去圖書館，看更多的恐龍圖書吧！

珍惜自己擁有的東西

　　有時候，你只要向着目標努力，就能得到想要的東西或做到想要的事；但有些時候，你無論怎樣努力也是沒法做到的。你或許不能住在豪華大屋裏，不能擁有昂貴的單車，也不能得到心愛球隊的整套球衣。

　　那麼，你可以做什麼呢？

　　你可以嘗試放下妒忌。

與其總是想着你沒有的東西，不如想想你擁有的東西。你擁有的朋友、家人、遊戲機和玩具，而且這些都是你喜歡的。

　　你可以寫一張清單，列出你擁有的東西，還有你喜歡的事情。

我所擁有和喜歡的東西

讓心情愉快起來

當妒忌和難受的感覺出現時，你就要想想怎樣令自己的心情愉快起來。

每個人的能力都不一樣，我們都有各自的長處。試找出哪些是你已經做得不錯的事，而哪些事你還要多加努力。

上星期，我幾乎默寫對了全部詞語。這個星期，我的目標是要把所有詞語寫對！

我很喜歡畫畫。我要訂下目標，努力在畫畫方面做得更出色。

雖然我沒有受邀去參加派對，但我仍然是個善解人意，而且樂於助人的小朋友。

被別人妒忌的話怎麼辦?

有時候,其他孩子可能會妒忌你,妒忌你擁有的東西。他們可能會生氣,因為你擁有他們想要的東西;他們也可能會難過,因為你做到了他們做不到的事情。

你可嘗試理解一下他們的感受,從他們的角度想一想。可以的話,你不妨做點事,使他們的心情好一些。

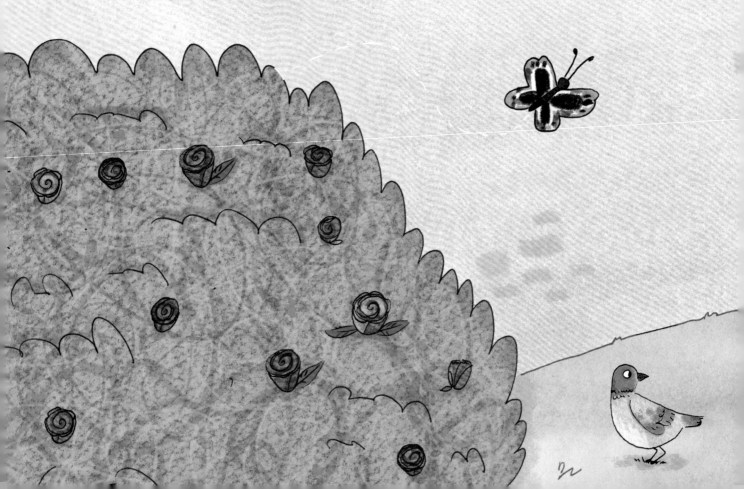

29

放下妒忌，做得到

　　當你妒忌別人時，你可能會感到不安、難受、生氣，好像有一頭不受控制的怪獸在你體內。但是，現在你已經學會怎樣應付妒忌。讓我們重溫一下這些方法：

- 要改變妒忌的想法，往積極的一面想。當你妒忌別人做到一些自己做不到的事時，請想想自己做得到的事。

- 與其覺得事情不公平，不如想想自己可以怎樣努力，以求達成目標。

- 計劃一下自己可以怎樣向着目標進發，令自己得到想要的東西、做到想做的事情。你可以請其他人幫自己制定計劃。

- 如果你無法得到自己想要的東西時，就要嘗試放下妒忌。

- 讓自己的心情愉快起來；想想你擁有而且喜歡的事，想想你做得到的事，即是你的長處。

　　如果你的妒忌心大得難以獨自應付，就要請大人幫忙。要是你覺得認識的人中，沒有一個人能聽你傾訴或幫助你，你可向提供兒童輔助服務的機構諮詢，以下是一些機構例子：

- 社會福利署（https://www.swd.gov.hk）
- 東華三院（https://www.tungwahcsd.org）
- 香港小童群益會（https://www.bgca.org.hk）
- 香港保護兒童會（https://www.hkspc.org）
- 香港明愛家庭服務（https://family.caritas.org.hk）

現在，你已學會應付妒忌的方法。

你也學會了被人妒忌時，應該怎樣做。

活動

　　以下的畫畫和寫作活動能幫助你去思考怎樣面對妒忌的感覺。你可以把圖畫和寫下的文字跟這本書放在一起，以便看到自己想出來放下妒忌的方法。

- 畫出一頭紅眼怪獸，或畫出一個紅眼怪獸的面具，然後為怪獸圖畫填上顏色。

- 回想一次你妒忌別人的經歷，你可以畫一幅圖畫，或寫一個故事，把那次經歷記錄下來。這個經歷可以是別人擁有你想要的東西，或別人做到你做不到的事情。

- 想想你應該做些什麼，才可以得到你想要的東西，把你的計劃寫下來。然後，想像並畫下你得到這件東西時的情形。

- 想想你可以怎樣做，使自己可以把某件事做得更好，把你的計劃寫下來。然後，想像並畫下你做好這件事的情形。

- 艾朗和妹妹妒忌他們的表姐茱迪，因為茱迪擁有他們很想要的遊戲機。你覺得他們可以怎樣做呢？請你給他們寫封信，建議他們可以做什麼來讓自己不再妒忌茱迪。

- 寫一張清單，記下你的朋友、家人，以及你很喜歡的遊戲和玩具，你還可以畫些插圖。

- 把你擅長做的事寫下來或畫出來。

給老師、家長和照顧者的話

當孩子無法擁有別人擁有的東西時，就會妒忌起來，這是人之常情。誰也無法確保自己的孩子能避開這種情緒。可是，你可以幫助孩子認識妒忌，以及隨之而來的難受感覺；你也可以幫助孩子積極地面對妒忌的感覺。

關鍵是千萬不要輕視他們的感受。你要讓孩子有機會盡情說出自己的感受，並要盡力理解和認同他們。你可以試試回答他們，例如：「我明白你很想做到這件事／擁有那件東西。」、「很遺憾你感到如此憤怒。」等。

孩子需要學習一些技巧和方法，才能好好應付妒忌，以及明白到這種感覺是可以克服的。《放下妒忌，做得到》提供了不同方法，幫助孩子面對妒忌。幫助孩子的方法有很多，你可以帶領他們向着目標努力、跟他們一起練習，以求做好某件事；你也可以幫助孩子認清和欣賞自己擁有而且喜歡的東西，以及他們做得好的事。

除了要理解和支持孩子，你也要為他們立下好榜樣。不妨在孩子面前表達感激之心，談談自己能做到的事、跟別人的關係、自己擁有的東西和自我價值，這樣，你就能幫助孩子多點欣賞自己擁有的東西和做到的事。

雖然你的孩子可以自己閱讀這本書，但如果你能跟孩子一起閱讀，對你們的得益會更大。也許你可以告訴孩子自己的童年往事，談談小時候令你感到妒忌的事情。你曾經對什麼感到妒忌？那時候，什麼方法能令你不再妒忌？

你的孩子可能喜歡一口氣把這本書讀完，但有些孩子較喜歡每次讀幾頁，這樣他們會較易掌握和明白書中的內容。無論是哪個方法，你都可以找到很多話題來跟他們討論。你可以問問孩子，例如：你有過這種感受嗎？你覺得這個方法怎樣？這個方法對你有用嗎？你也可以跟孩子談談圖畫裏的人物。

讀過這本書和確認了哪些方法能幫助孩子後，你就要給他們機會，明白自己是可以應付和控制妒忌。要是情況沒有改善，你可以重溫本書內容，想想還有哪些方法和提議有助孩子應付妒忌，再跟孩子談談應在哪些方面改變一下。

如果你願意對孩子付出時間、耐心，支持和鼓勵他們，孩子就一定能學會應付及消除妒忌。如果你擔心妒忌的情緒經常影響孩子，使他們失控，對自己、別的孩子和大人造成傷害，不妨尋求專業的意見，向醫生或專家求助。